AF497885

DIX ANS

D'UNE

ADMINISTRATION

MUNICIPALE

Août 1865.

ARLES,
IMPRIMERIE DUMAS ET DAYRE, RUE DU FORUM.
1865.

DIX ANS

D'UNE

ADMINISTRATION

MUNICIPALE.

Au moment où l'administration municipale, composée de M. le baron Laugier de Chartrouse et de ses deux adjoints, MM. Rame et Laffitte, est arrivée à l'expiration des dix années formant la double période de son existence légale, chacun se demande quel usage elle a fait de son mandat et dans quelle mesure elle a justifié les espérances de ses administrés et la confiance du Gouvernement.

Cet examen des actes publics des magistrats repose sur un droit naturel, base nécessaire et incontestée des libertés publiques. Mais, plus un droit est absolu, plus devient étroite l'obligation d'en user équitablement et en connaissance de cause. Si, dans les formes ordinaires de la justice humaine, il importe d'éviter toute omission, toute erreur, capables de jeter un faux jour sur les faits ou sur les personnes, ce devoir ne perd rien de sa rigidité, quand la cause se plaide au tribunal du public, car le public condamne plus facilement qu'il n'absout et le seul juge d'appel de qui relèvent ses arrêts, ne tient pas ses assises dans ce monde.

C'est sous l'impression de cette pensée que nous rappelons ici succinctement l'ensemble des faits municipaux, accomplis pendant ces dix dernières années. Il ne s'agit pas, toutefois, de présenter un exposé complet de l'administration de M. de Chartrouse. Nous ne prétendons apprécier ni ses tendances générales, ni l'esprit qui l'a inspirée, soit dans la direction des choses , soit dans le choix des personnes, ni les moyens qu'elle a mis en œuvre, pour accroître les ressources de la commune ou pour en régler l'application. Un tel examen nous entraînerait au-delà de nos vues. Nous voulons seulement, à l'aide de cet argument connu des logiciens sous le nom d'énumération des parties, fournir la preuve que cette administration, s'inspirant de l'esprit du siècle et des exemples venus de haut, n'est point demeurée inactive, que ses travaux expliquent ses dépenses et que ses dépenses justifient les charges nouvelles imposées à la fortune communale. Comme tous les pouvoirs en exercice, l'administration de M. de Chartrouse a mis, jour par jour, sous les yeux du public, le livre de ses actes. Le livre est maintenant à sa fin ; ceci n'en est que la simple analyse ou , moins encore , la table des matières.

Cet exposé, du reste, s'adresse surtout aux hommes de bonne foi. Pour peu qu'on aide leur mémoire, ceux-là savent toujours se souvenir et apprécier. Ils se souviendront, en particulier, que tous les travaux ci-dessous énumérés sont l'œuvre commune de l'autorité exécutive et du conseil municipal sortant d'exercice ; que cette assemblée, tantôt par l'initiative de ses conseils, tantôt par son approbation intelligente, a tracé ou rendu facile la marche de l'administration municipale et que rien d'utile n'a pu se faire sans son concours ni en dehors de son action.

Travaux publics, Voirie urbaine, Voirie vicinale.

Percement de la rue du Waux-Hall , — Marché-Neuf. — On n'a contesté ni l'utilité , ni l'importance de cette œuvre. Pour en apprécier le mérite, il suffit de se rappeler l'ancien état des lieux, cette entrée de ville plongeant sous le sol, cachée dans un recoin obscur, cet escalier toujours souillé d'immondices, évité le soir par les femmes honnêtes et redouté des gens craintifs; il suffit d'observer aujourd'hui le double courant de va et vient toujours en mouvement sur cette nouvelle voie de circulation. Incontestablement l'ouverture de la rue du Waux-Hall était devenue un besoin public. Si les intérêts d'un autre quartier en ont éprouvé quelque atteinte, ce résultat est regrettable, mais il était difficile d'y échapper. On ne dérange pas les populations, on ne les détourne pas d'une longue habitude, contrairement à leurs intérêts ou à leurs instincts. Lorsque le mouvement se retire d'un quartier pour se porter sur un autre, ce déplacement de la vie n'est que le produit naturel de la force des choses. L'intelligence de l'administrateur doit s'appliquer à reconnaître de quel côté se pressent les besoins et les préférences et à ouvrir les digues devant cette impulsion*.

L'ouverture de la rue du Waux-Hall a produit, pour conséquence immédiate, l'embellissement de la place du Marché-Neuf. Des restes de remparts, sans caractère historique, soutenaient les terrasses des maisons. Rongés par l'action saline, décrépits sans être vieux, rapiécés, plus qu'appareillés, l'aspect en était insignifiant et froid, comme tout objet entre deux âges. Ils ont disparu pour faire place à des façades d'un style frais et riant. La main de l'administration n'est point restée étrangère à ce changement de scène. C'est

---

* L'ouverture d'une voie de communication entre la place du Marché et l'esplanade du Marché-Neuf était entrée depuis longtemps dans la pensée publique; mais le projet serait resté peut-être quelques années encore à l'état d'étude incomplète, sans l'intervention d'un honorable industriel, M. Guiguet, propriétaire d'une partie des terrains et dont l'esprit d'initiative et les efforts persévérants, appuyés de sacrifices personnels, ont concouru très-utilement au succès de l'entreprise.

elle qui, par des concessions gratuites de terrain, par
des encouragements, mesurés à la gêne des fortunes,
a donné l'impulsion à la bonne volonté des propriétaires,
en offrant une compensation à leurs sacrifices; c'est
elle encore qui a fait les trottoirs avec leurs bordures
en pierre froide, traçant, du même coup, la délimitation
de la route et les encadremens des terre-pleins.

Travaux sur le Rhône. — Les quais qui mettent à
couvert des débordements du Rhône les deux parties
de la ville séparées par le fleuve font peser sur nos
finances une charge de près de 300 mille francs,
savoir 278,000, objet d'un emprunt spécial, et 18,000
francs, pour dépenses complémentaires. C'est bien cher
peut-être, mais il n'a pas été possible de s'exonérer de ce
fardeau. La dépense était obligatoire, imposée par une
loi ; il a fallu la subir. Quant au système adopté pour
l'endiguement, on a dit que la commune aurait pu
obtenir, avec une sécurité non moins grande, des effets
moins incommodes et moins disgracieux. La commune,
en effet, usant de son faible droit de représentation, a
fait introduire dans le plan général, des modifications
qui ne sont pas sans importance ; mais, on se trompe,
si l'on se figure qu'il est facile de faire accepter au corps
des Ponts et Chaussées une volonté qui n'est pas le fruit
de ses conceptions. De plus hauts placés, de plus puis-
sants que la ville d'Arles y ont rencontré des résistances :
nous n'osons pas dire, un échec.

Telle est d'ailleurs la disposition des lieux que ces
travaux de défense, s'ils avaient reçu des aménagements
plus commodes, une configuration empreinte de plus de
goût et d'élégance, auraient imposé à la ville un contingent fort au-dessus de ses ressources et dont la charge

eut pesé longtemps sur l'avenir. A tout prendre, les nouveaux quais protègent la ville contre le fléau des inondations ; c'est un résultat mêlé d'inconvénients et d'avantages. Il faudrait peut-être ouvrir une enquête auprès des ménagères des bas quartiers de la ville, pour décider si ce sont les avantages ou les inconvénients qui dominent. La partie réellement injustifiable des travaux, celle que frappe une réprobation générale, parce qu'elle offense les regards et crée des foyers d'infection, c'est la section comprise entre le portail des Châtaignes et la Roubine du Roi ; mais le mal n'est pas sans remède. Des projets sont à l'étude pour donner une fuite aux eaux croupissantes et affranchir les esprits de craintes trop légitimes. Quant à l'aspect général des travaux, un moment viendra où les maisons, réléguées aujourd'hui derrière les terrassements de la digue, disparaîtront devant ce voisinage incommode, pour faire place à une rue latérale qui introduira dans les quartiers de l'antique Trouille plus de jour, plus d'espace et d'air. Le temps appartient à tous ; à chaque génération suffit son œuvre.

La digue maçonnée, élevée comme une forteresse en tête de la Camargue, pour défendre contre les assauts du Rhône ce point si vulnérable autrefois, est un bienfait de l'Empereur. Mais, ici encore, l'administration locale n'est point demeurée sans action. Lorsque l'Empereur, en 1856, se montra tout-à-coup à Arles, amené par la générosité de son cœur, il arrivait, ignorant l'étendue de nos désastres, prêt à répandre ses bienfaits, mais ne sachant encore qu'elle devait en être la destination et la mesure. Ce fut peut-être un mérite à l'administration locale de mettre pleinement sous ses yeux le tableau douloureux de nos souffrances et de lui faire connaître comment et jusqu'à quel point nos intérêts avaient besoin de ses bontés. C'est ainsi que, dans une circonstance récente, à l'occasion d'un sinistre encore présent à tous les souvenirs, M. de Chartrouse obtint de l'Empereur 25,000 fr. pour le rétablissement du pont de bateaux et 250 mille francs, pour servir de complément aux sommes déjà allouées en vue de la construction d'un pont fixe. C'est un don du Ciel qu'un bon prince, mais il n'est pas sans avantage que les magistrats d'une ville veillent aux intérêts municipaux et ne laissent pas échapper une seule occasion de les servir.

Caserne. — Toutes les études, tous les travaux de cabinet destinés à préparer cette importante construction, étaient achevés au moment de la retraite de M. Remacle, il avait également été pourvu aux voies et moyens. La tâche de l'administration nouvelle se bornait donc à surveiller la mise en place des matériaux de l'édifice. Aussi ne parlons-nous de la caserne que pour expliquer l'emprunt qui s'y rapporte et les dix centimes additionnels affectés à l'amortissement. La somme empruntée est de 260 mille francs, non compris 33,000 francs pour l'acquisition des terrains ; elle sera complètement amortie dans trois ans. On se plaint des emprunts, on se plaint des centimes additionnels ; est-ce l'emprunt applicable à la caserne? est-ce le mode d'extinction de cet emprunt que l'on se prendrait à regretter ?

Agrandissement du cimetière. — Ceci est encore un legs de l'administration précédente. M. Remacle avait acquis le terrain ; M. de Chartrouse a fait opérer l'extraction du rocher, défoncer le sol, rapporter des terres, élever les murs de clôture. Ce travail très-long, très-coûteux, constitue l'une des améliorations les plus importantes qui aient signalé ces dix dernières années. En présence de l'accroissement de la population, le cimetière devenait insuffisant ; la fatale année 1854 avait laissé à cet égard des enseignements douloureux. Le cimetière peut contenir aujourd'hui 1500 corps de plus qu'auparavant, deux fois environ le nombre des inhumations opérées année moyenne. Les personnes appartenant aux cultes israélite et protestant réclamaient un terrain réservé pour y déposer les dépouilles de leurs coreligionnaires : ce vœu d'une piété digne de respect a été satisfait.

Usine hydraulique. — C'est ici l'œuvre capitale de l'administration de M. de Chartrouse. Comme tous les débutants, l'usine hydraulique avait besoin d'indulgence : on ne lui a pas épargné les rigueurs ; elle a grandi cependant. A travers les difficultés, les tâtonnements, les reproches irréfléchis, les aggressions violentes, les prédictions sinistres, les calomnies (hommes et choses, qui donc peut échapper à la calomnie ?), elle est arrivée à l'âge adulte. Aujourd'hui c'est par ses œuvres qu'elle veut être jugée.

M. Chauchard, créateur hardi et persévérant de notre système hydraulique, avait rendu un service inappréciable à la ville d'Arles : la reconnaissance publique ne saurait assez le proclamer. M. Chauchard, aux prises avec des difficultés de toute nature, énervé surtout dans son action par l'insuffisance des ressources, avait accompli tout ce qu'il était humainement possible de faire ; il n'avait pu aller au-delà. En recevant de ses mains l'établisssement hydraulique, la Commune ne trouva qu'une œuvre incomplète, épuisant toutes ses forces pour suffire aux besoins présents, frappée d'une radicale impuissance pour répondre aux exigences de l'avenir. Prise d'eau, machine, bassins, tuyautage, tout accusait le vice d'une insuffisance originelle. On marcha pendant quelques années, comme l'on put ; on fit du neuf, suivant un expédient bien connu, en changeant plusieurs fois le vieux. Mais, à mesure que s'augmentaient les abonnements, les forces de l'appareil suivaient une progression décroissante ; il fallut songer à un changement radical. De l'une de ses extrémités à l'autre, en parcourant tous les points intermédiaires, l'œuvre était à reprendre et à transformer : cette opération s'est accomplie. L'établissement, il est vrai, n'est pas complet ; il lui manque, soit dans son fonctionnement organique, soit dans ses dépendances, quelques perfectionnements destinés à le rendre irréprochable. Tel qu'il est cependant, il diminue de plus en plus la fréquence et la longueur de ses chômages, il fournit à la consommation journalière 2,000 mètres cubes d'eau, il arrose abondamment les promenades, il dessert quatorze fontaines publiques, il nettoie les ruisseaux, les urinoirs, les égoûts, il porte son tribut jusque sous les combles des maisons. Il peut attendre désormais, comme bien d'autres, que les préventions se dissipent et que la justice ait son jour.

Le service des eaux a donné lieu à deux emprunts, l'un de 110,000 fr. contracté sous M. Remacle et ayant pour objet d'acheter l'établissement, pour en faire la propriété de la ville ; l'autre, de 220,000 fr., imposé par la nécessité de modifier et d'améliorer tout l'ensemble. A ce total de 330,000 fr. doit être ajoutée une somme de 100,000 fr. environ, pour travaux faits ou à faire et dont une partie figure au dernier emprunt de 100,000 fr. non encore réalisé, dont le reste se retrouve par fractions dans les divers budgets annuels.

L'usine hydraulique a donc coûté 430,000 fr.

Remarquons d'abord ceci. Au moment du traité passé avec M. Chauchard, pour l'acquisition de l'usine, la ville payait à cet entrepreneur une somme annuelle de 4,000 fr. pour prix de la fourniture d'eau livrée par huit fontaines publiques. C'était la conséquence d'une pensée généreuse du chef de l'administration qui voulait appeler aux bienfaits du nouvel établissement les pauvres comme les riches. Il fallait prévoir, en outre, la nécessité de placer deux autres fontaines, au prix de 500 fr. l'une, dans les bâtiments de la Caserne alors en construction. C'était donc 5,000 fr. par an, inscrits au budget, comme dépense fixe, ou soit un capital de 100,000 fr. à tout jamais immobilisé. Racheter cette dette au prix de 110,000 fr et se donner en outre la propriété de l'établissement tout entier, il était difficile, ce semble, de faire une plus belle opération. A ce compte, ce ne serait donc pas 430,000 fr. qu'aurait coûtés l'usine hydraulique, mais 330,000 seulement, un capital de 100,000 fr. se trouvant déjà forcément engagé pour le service des dix fontaines gratuites.

Prenons néanmoins ce chiffre de 430 mille francs, pour en faire la base de nos calculs. Le produit des abonnements s'élève à 35,000 fr.; il atteindra 40,000, lorsque les tuyaux distributeurs rayonneront jusqu'à Trinquetaille et aux extrémités des faubourgs. Mais laissons là l'avenir avec ses incertitudes, plaçons-nous en face des réalités du présent. La manutention et l'entretien ont formé jusqu'ici un total de 22.000 fr., réductible dès ce moment à 20,000, attendu qu'une grande partie des dépenses a porté, dans le passé, sur les réparations incessantes qu'exigeaient une machine appauvrie et un tuyautage vicieux, et qu'avec des appareils tout neufs , ce rhabillage de tous les instants n'est plus à craindre.

Pour servir , au 5 0/0 , l'intérêt de ce capital de 430,000 fr. , nous trouvons un revenu net de 15,000 fr., au lieu de 21,500 , c'est-à-dire que l'exploitation du service hydraulique laisse un découvert annuel de 6,500 fr. Mais est-il bien sûr que ce soit-là un décou- vert? Avec 6,500 fr. vous prodiguez l'eau à vos pro- menades , vous multipliez les plantations , vous ali- mentez la caserne , vous livrez gratuitement aux pauvres le produit de douze fontaines publiques , vous pourrez bientôt arroser vos rues à grand courant, vous aurez des bouches de secours en cas d'incendie : et vous appelez cela un découvert? Mais ce que vous avez pour 6,500 fr. , une compagnie ne vous le vendrait pas pour 15,000 ! Un abonné vous achète un hectolitre d'eau : il en use trois hectolitres et vous le laissez faire; Pourquoi? Parce que vos 6,500 fr. suffisent à couvrir cette différence et vous permettent d'administrer pater- nellement. Supposez maintenant une compagnie prenant votre place. Armez-la du droit indéniable de calibrer vos robinets, de mesurer la fourniture aux conditions du marché , de frapper d'interdit vos baignoires et vos lessives, de poursuivre partout l'abus, l'abus si proche voisin de l'usage : croyez-vous que vous n'aurez point à regretter , même au prix de 6,500 fr. , la position que l'administration vous a faite? L'éclairage public vous coûte 22,000 fr. , le pavage vous en prend 10,000 ; le service des eaux , ce service qui intéresse la santé publique et touche aux besoins les plus impé- rieux du foyer, ne vous demande que 6,500 fr., et vous appelez cela un découvert? Si ce n'est pas là, au contraire, une situation à exciter l'envie de bien des villes, toutes nos idées en économie administrative sont troublées et confondues.

On a vivement attaqué l'emplacement de l'Usine hydraulique. Nous n'avons point à traiter cette question ; elle est en dehors du plan que nous nous sommes tracé. Toutefois, si les contradicteurs se montraient unanimes pour la désignation d'une assiette mieux choisie, nous aurions accepté le débat, par suite de ce respect pour l'opinion publique qui nous paraît le premier devoir d'un écrivain. Mais, comme conclusion de ces attaques si nombreuses, nous ne voyons que divergences. L'un relègue l'usine au-dessous de l'ancien abattoir ; un autre l'exile par delà la gare du chemin de fer; celui-ci l'aurait voulue au Grand-Prieuré ; celui-là regrette que l'on n'ait point songé au bosquet de la Cavalerie et à cette plage sans courant vif, bouleversée, à chaque crue du Rhône, par les attérissements, battue par les vents du nord et de l'ouest, ennemis si souvent déchaînés contre l'ancienne prise. Que conclure de ces contradictions? Que l'emplacement actuel était le seul acceptable? Nous ne disons pas cela, mais nous conservons peut-être le droit d'affirmer que le choix d'un lieu irréprochable n'était pas chose facile et que l'administration incriminée peut s'abstenir de faire l'aveu d'une faute, jusqu'à ce que les censeurs se soient mis d'accord.

Jardin public. — Plantations. — Une des conséquences les plus immédiates de l'organisation du service hydraulique, c'est la création d'un jardin public, ce sont les plantations multipliées. Un terrain était vacant au-dessous de la porte de l'Aure. Comme tous les lieux livrés à l'abandon, dans le voisinage des villes, il resta longtemps un réceptacle d'immondices. M. Moutet eut

l'heureuse idée de le transformer en un bosquet de pins ;
l'absence absolue de tout moyen d'arrosage ne permet-
tait pas autre chose. M. Remacle en fit un jardin ; M. de
Chartrouse, reprenant l'idée de son prédécesseur, éten-
tendit les plantations, dessina des allées, groupa des
massifs, construisit un escalier de dégagement, ajouta
au jardin le terrain dominé par le théâtre antique et
relevant le fond de scène, au moyen de cette disposition pleine d'effet, donna au monument plus de rehaussement et d'ampleur. Ainsi aggrandi, completté, embelli,
le jardin s'ouvrit au public. Il sembla, d'abord que le
Maire, auteur de ces améliorations, recevait dans le
public quelques témoignages de gratitude ; mais c'est
chose si trompeuse que les apparences ! Quant aux
étrangers qui visitent le jardin, aucun d'eux ne croit
exagérer l'éloge en déclarant que c'est un endroit charmant, et que peu de grandes villes seraient en droit
d'en faire mépris.

Une autre promenade, peu connue de cette partie de
la population pour qui le plaisir est inséparable du
mouvement et du bruit, mais très-recherchée des
personnes amies du calme, c'est l'avenue de Notre-
Dame-de-Grâce. Avec ses vieux tombeaux, disposés sur
un double rang, comme aux deux côtés des voies ro-
maines, avec ses hauts peupliers, emblême du silence,
ses chapelles en ruine, sa blanche maisonnette byzan-
tine, à-demi cachée dans un massif d'acacias et d'ala-
ternes, avec sa longue perspective fuyant d'un côté
vers les bâtiments de la caserne, arrêtée de l'autre par les
murs désolés de l'église des Minimes, la promenade de
Notre-Dame-de-Grâce présente une physionomie saisis-
sante, sans analogue nulle part.

Les promenades n'ont pas suffi ; on a voulu encore,

autant que possible, répandre sur tous les points de la
ville l'ombre et la fraîcheur. A l'exception de la place
du Marché dont le plan général, mal orienté avec l'obélisque, a exigé des études restées inachevées, il n'est
pas une seule place dans la ville qui n'ait reçu des plantations. Ajoutons-y la cour de la caserne, la Croisière,
le versant oriental de la porte de l'Aure et plus particulièrement encore l'esplanade du Marché-Neuf.

Travaux divers. — Rappelons ici sommairement
la construction de deux bureaux d'octroi, l'un sur la
place Lamartine, l'autre près du passage à niveau; la
maisonnette des Alyscamps, d'un style si bien combiné
avec tous les effets qui l'entourent. Rappelons qu'à
l'occasion du passage de LL. MM. l'Empereur et
l'Impératrice, la grande salle de l'Hôtel-de-Ville a été
restaurée; que la main de l'ouvrier a retouché le pla-
fond, rafraîchi les peintures, remanié les moulures,
les médaillons et les cadres. Le cabinet du maire était
une pièce peu digne de sa destination : le secrétaire en
chef n'avait point de cabinet. Par des dispositions habilement combinées, M. Remacle commença à rémédier à
cet état de choses. M. de Chartrouse, toujours heureux
de trouver sur son chemin une idée utile, attentif à
la suivre et à la développer, continua l'œuvre de
M. Remacle. Avec ce goût qu'on lui connaît, ce sentiment de l'élégance, faculté distinctive des hommes du
grand monde, il a donné au salon du maire ses décora-
tions, ses tentures, son carrelage en marbre, sa che-
minée riche et sévère, ses glaces, son mobilier. C'est
lui encore qui a disposé, suivant les convenances de
leur destination, les bureaux de l'architecte et des expé-
ditionnaires, le cadastre, le cabinet du secrétaire en chef.

Monuments historiques. — Il est des personnes qui ont peu de goût aux vieilles pierres. Est-ce un progrès de l'esprit moderne ? est-ce absence du sens esthétique? nous ne décidons pas la question. Ce qui est sûr, c'est que le dédain pour les ruines antiques n'est pas général. En veut-on la preuve? Elle est dans cette affluence d'étrangers arrivés chaque jour dans nos murs et dont l'unique affaire est de visiter nos monuments. Le patriotisme local voudrait inutilement prendre le change : ce que les voyageurs viennent chercher dans la ville d'Arles, ce n'est pas le mode d'existence d'une situation présente frappée de marasme, ce sont les vestiges de notre grandeur historique. Aucune administration, nous l'espérons du moins, ne négligera ce précieux fleuron de notre couronne ébréchée ; mais, s'il en était autrement, nous croyons que toutes les industries, fondées sur la légitime exploitation de la curiosité du touriste, nous croyons que la population toute entière s'apercevraient bientôt de cette regrettable méprise.

M. de Chartrouse professe le culte raisonné des débris antiques, sans en avoir la superstition. Il n'avait pas besoin d'aller chercher bien loin, pour se souvenir que la ville d'Arles est sortie du profond oubli dans lequel l'avait laissée l'indifférence des temps modernes, le jour seulement où elle a secoué les dépouilles sordides jetées sur la nudité de ses monuments. M. de Chartrouse a donné des soins constants à conserver, à entretenir cette précieuse partie de nos richesses. 100,000 fr. ont été affectés à ce service, soit par annuités régulières, soit avec destination spéciale.

C'est ainsi qu'on a pu acheter et démolir plusieurs maisons comprises dans le périmètre du théâtre antique (*) , restaurer diverses parties de l'amphithéâtre , empêcher l'écroulement des unes , rendre à d'autres leur physionomie perdue , remettre à neuf le dallage du cloître de St-Trophime , décorer de plaques de marbre les quatre faces de l'Obélisque , sauver de la destruction la petite chapelle des Morts , spécimen charmant et trop ignoré de l'art des constructions religieuses au XVIme siècle , acquérir la salle capitulaire de Montmajour et , par ce moyen , faire cesser une indivision, racheter une servitude qui compromettaient chaque jour le peu qui nous reste de cette célèbre abbaye.

Le gouvernement a connu et apprécié l'étendue de nos sacrifices , il a bien voulu nous en tenir compte. Il a dépensé 17,000 fr. à restaurer une partie du théâtre antique ; il a substitué à l'anachronisme des portes de St-Trophime , un vantail mieux en harmonie avec l'âge du monument ; il dépense en ce moment 13,000 fr. à rétablir les parties les plus dégradées de l'amphithéâtre romain ; il doit effectuer, dans le courant de la présente campagne , pour 4,500 fr. de travaux dans le cloître de Montmajour. Si le nouveau Conseil municipal seconde ses vues généreuses , il tient en réserve une somme de 9,000 fr. qui seraient appliqués à terminer le dégagement du théâtre antique. Dût notre conviction paraître la conséquence d'un goût suranné, nous persistons à croire que l'argent ainsi dépensé est une de ces semences jetées dans un sol fertile qui se reproduisent au centuple. (**)

(*) Les maisons Boulard, Lombard, De Sévérac, le Jeu de Paume , la maison Viaud, achetée plus anciennement, mais payée depuis peu de mois.

(**) On ne saurait parler de nos monuments historiques , sans mentionner le nom de M. Revoil, architecte , récemment décoré de la Légion-d'Honneur. M. Revoil a beaucoup fait pour nos monuments : c'est lui qui a dirigé les travaux de restauration , c'est à ses instances pressantes venant à l'appui de l'influence de M. de Chartrouse , que le Ministre des Beaux-Arts a accordé les subventions ci-dessus rappelées.

Voirie urbaine. — Sur divers points de la ville s'élevaient de vieilles maisons, laissées là comme pour gêner ou défigurer la voie publique ou déranger le plan d'alignement; on se rappelle ces deux masures, restées longtemps debout en face des Arènes, sur la place de La Major. On n'a pas oublié cet aspect délabré, ces volets pendants sur leurs gonds, ces cheminées croulantes, montrant leurs empreintes d'un noir jaunâtre tracées en longs sillons sur les murs ; à côté de la majesté des ruines, c'était la laideur des décombres. Au pied du grand escalier des Arènes, derrière la salle de spectacle, sur les deux côtés de la rue des Trois-Mulets, on voyait aussi d'autres maisons, usurpant l'aire d'une place ou posées de biais sur la rue. Avec leurs encognures fétides, avec leurs immondes ruelles, leurs resserrements dangereux ou leurs saillies choquantes, toutes ces constructions formaient autant d'outrages à la décence, comme à la salubrité publique, et altéraient la correction de la perspective. Le marteau en a fait justice (*).

Les habitans du quartier de la Cavalerie ont protesté longtemps contre deux impasses, l'un parallèle au Lampourdat, l'autre perpendiculaire à la rue du Rempart. Tous deux se dirigeant en sens contraire tendaient à s'ouvrir l'un dans l'autre, mais ils se heurtaient contre un groupe de maisons formant obstacle au prolongement de leurs axes; ces maisons ont disparu. Les impasses, en se joignant, ont mis en communication les rues de la Cavalerie et du Rempart et formé une voie nouvelle aujourd'hui pavée, éclairée, ouverte au mouvement de la circulation, accessible aux charrois.

(*) Les maisons Mison, Claude Noy, Poujeaud, Julien, etc.

Pavage des rues. — Il y a dix ans, à peine, le pavé de la ville d'Arles s'était fait une réputation déplorable et proverbiale, une de ces réputations abandonnées que l'on ne défend pas sans se compromettre. Ses cailloux à pointes aiguës, posés verticalement au sol de la chaussée, étaient l'effroi des étrangers; ils fesaient le supplice des pieds malades ou délicats. M. Remacle, le premier, introduisit le pavage à cailloux écimés; il en fit l'application au Plan de la Cour. M. de Chartrouse étendit ce système à près de trente rues ou places (*), mesurant ensemble une longueur de 1,500 mètres. Dans d'autres quartiers de la ville, où la déclivité du sol rendait dangereux pour les voitures l'emploi des cailloux équarris, on a dû continuer l'usage de l'ancien système. C'est ainsi qu'on a pavé en cailloux roulés les rues Calade, Castillon, Loinville, de la Rotonde, des Bancs, du Refuge; mais sur tous ces points il s'est opéré des remaniements complets. Le sol des chaussées, ramené à des mouvements moins brusques et plus réguliers, se prête aujourd'hui avec plus d'aisance à l'écoulement des eaux et au service des charrois. Le faubourg Porte-Agnel est desservi par six rues. Ces rues ont été pavées à neuf. La même amélioration a été appliquée à une partie du Faubourg Cornillon et, tout récemment, à la rue Saint-Pierre des Mouleïrés.

(*) Ces rues sont les suivantes :

L'énumération en paraîtra longue, mais elle est nécessaire pour fixer les souvenirs.

Rues de la Cavalerie, avec trottoirs, des Ménagers, Bourgneuf, avec trottoirs, de l'Amphithéâtre, St-Antoine, de la Sous-Préfecture, Grande-Boucherie, de Lacéta, des Suisses, St-Roch, des Gantiers, de la Place, des Thermes, Rue Neuve, Place des Hommes, partie de la rue Castillon, rues de la Liberté, de la Tour-du-Fabre, place Jouvène, rue Jouvène, partie de la rue des Trois-Mulets, rues de la Poissonnerie, rues latérales à la Poissonnerie, Ste-Croix, de la Roquette, St-Césaire, partie de la rue Roubion, place du Marché, rue du Vaux-Hall, avec trottoirs.

Comme preuve facilement appréciable des soins donnés au pavage, nous dirons que l'amélioration de la voie publique a coûté, pendant ces dix dernières années, plus de cent mille francs.

Des cartouches d'un jaune bistre portaient inscrits les noms des rues. Ils avaient remplacé avec avantage les inscriptions sans encadrement imprimées sur le plâtre ou sur la pierre ; mais les exfoliations, les pluies, le pinceau des frotteuses les détruisaient rapidement. On leur a substitué, au nombre de plus de quatre-vingts, des tablettes en marbre blanc, offrant plus de solidité et d'élégance.

Eclairage. — Avec l'amélioration de la voie publique, a marché de front l'extension de l'éclairage. 80 réverbères de plus ont complété ce service. Ce sont les rues les plus pauvres de la partie haute de la ville et de la Roquette, ce sont les faubourgs renfermés dans le périmètre de l'octroi, les promenades publiques, les impasses populeux qui en ont recueilli le bénéfice. Une circonstance ajoute encore aux avantages d'une amélioration déjà si notable, c'est que les charges communales en ont éprouvé peu d'aggravation. A l'avènement de M. de Chartrouse, l'éclairage au gaz coûtait à la ville 5 centimes par bec et par heure ; un nouveau traité avec la compagnie a réduit à 3 centimes et demi le prix de la matière éclairante. Le bénéfice réalisé sur cette opération a permis d'augmenter proportionnellement, avec peu de frais, le nombre des réverbères et de prolonger, dans les rues les plus fréquentées, la durée de l'éclairage.

Citons, comme se rattachant aux travaux de voirie, la banquette établie sur la rive gauche du canal de Crapponne, à partir du pont de la galère jusqu'au pont des

Carmes déchaussés ; la passerelle jeté sur le canal ; l'escalier qui met en communication la rue Courbon avec la Lice ; un autre escalier avec marches en bitume, conduisant du Marché-Neuf aux Muraillettes ; les bordures en pierre froide qui encadrent les places Saint-Esprit et des Cordeliers ; treize urinoirs lavés à l'eau courante, distribués sur divers points de la ville d'où ils ont fait disparaître autant de foyers d'infection ; six fontaines publiques ajoutées aux huit autres fontaines établies par l'administration précédente.

C'est peut-être forcer abusivement le sens des termes que de parler du pont de bateaux à propos des travaux de voirie ; mais nous ne voyons pas à qu'elle autre catégorie de services publics il serait possible de ramener cette voie de communication. Ce que nous avons à dire du pont de bateaux c'est qu'il a remplacé, en 1856, un autre pont plus lourd, plus disgracieux, d'une manœuvre longue et difficile, ce qui gênait tout à la fois la circulation d'une rive à l'autre et les mouvements de l'amont à l'aval. Une amélioration plus grande encore, c'est que le relèvement des points de suspension a permis aux bateaux non mâtés de glisser sous le tablier du pont, sans faire ouvrir la passe. La recette du pont y a perdu 3,000 francs par an, mais le commerce y gagne une somme égale avec plus de célérité dans ses mouvements.

Ne quittons pas ces parages sans parler du Rocasson. On a oublié le Rocasson ; amis ou ennemis les morts s'oublient si vite ! Le Rocasson était un ennemi très-sournois, très-dangereux par conséquent, de la marine arlésienne. C'était une pointe de rocher, peut-être un fragment de maçonnerie antique, caché sous les eaux à 100 mètres en amont du pont. Sitôt que les eaux devenaient basses, c'était un souci à nos marins, aux mariniers du Rhône surtout, d'éviter le Rocasson. Tous n'avaient pas ce bonheur et de nombreux bateaux avaient péri contre cet écueil. En 1856, le Rhône ayant atteint un étiage inaccoutumé, le Rocasson fut attaqué, huit jours durant, au pic et à la mine. Aujourd'hui son point culminant est enfoncé de 50 centimètres au-dessous du plan d'eau le plus profond que puisse atteindre la quille des navires.

Voirie vicinale. — On se plaint du mauvais état des chemins vicinaux, on trouve excessif l'impôt des prestations : deux idées plus faciles à émettre qu'à concilier. Pour engendrer de telles contradictions, il faut que la situation du service vicinal soit obscure à bien des yeux. Un simple rapprochement de chiffres suffira pour y porter la lumière.

Avant la période décennale dont nous fesons ici l'exposé, le territoire d'Arles était desservi par 11 chemins vicinaux classés, de catégories diverses ; il en compte aujourd'hui 21. Les dix voies de communication, classées sous M. de Chartrouse, sont, par ordre de date, les chemins d'intérêt commun de Saint-Martin à Mouriès, de Saint-Martin à Maussane, d'Albaron à Saint-Gilles, les chemins de petite vicinalité de Moulès, de Bellevue, de Sainte-Cécile, du petit Trébon, du Mas-Thibert, de Raphèle à Barbegal, de Belle-Ponse.

L'ensemble du réseau vicinal dépasse une longueur de 500 kilomètres ou soit 75 lieues ordinaires. 17 cantonniers sont attachés à ce service. Afin de faire face à la dépense, la commune s'impose pour 15,000 francs de centimes additionnels obligatoires ; le rôle des prestations, soit en argent, soit en nature, s'élève à 50,000 fr.

C'est donc une charge annuelle de 45,000 fr. réductibles à 40,000, pour tenir compte des non valeurs. Ainsi, pendant ces dix années, le service des chemins vicinaux a absorbé, en y comprenant quelques subventions départementales, 400,000 francs environ.

Fesons ici une observation importante.

Dans l'économie des budgets des communes, les allocations affectées aux chemins vicinaux portent un caractère à part. Ainsi, pour la généralité des services communaux, quelle qu'en soit la nature, si un crédit reste sans emploi, il tombe, au bout de l'année dans les fonds libres ; on peut le reprendre dans la masse, pour lui donner une destination quelconque. Il en est autrement du service vicinal ; la loi le protége d'une manière spéciale. Les fonds qui lui ont été une fois affectés deviennent sa propriété exclusive : il n'est pas permis d'en rien détourner. De là résulte cette conséquence que, si nos chemins vicinaux ont reçu, dans les budgets, des allocations successives s'élevant à 400 mille francs, c'est 400 mille francs qu'ils ont absorbé et pas un centime de moins.

Autre observation. Dans le service vicinal, l'intervention des Maires et des Conseils municipaux est un fait très-secondaire et de pure forme. Au préfet seul appartient le droit de répartir les fonds communaux entre les diverses catégories de chemins. Ce sont les agents du préfet, les agents-voyers, qui dressent les devis, dirigent les travaux, règlent la dépense. Le Maire ne fait rien, ni par lui-même, ni par les employés sous ses ordres ; tout se réduit pour lui à l'obligation de délivrer des mandats.

Instruction publique, Culte, Bienfaisance, Beaux-Arts, Objets divers.

Nous entrons ici dans une série de faits d'une énumération froide et sèche, mais le développement de notre
plan nous y conduit.

Le collége a reçu une vie nouvelle. Rendu au régime
universitaire après une brillante, mais éphémère expérience, subventionné par le Gouvernement, doté d'un
ensemble d'études de plein exercice, confié à un person-
nel de fonctionnaires, choisis avec d'autant plus de soin
que leur savoir est mieux rétribué, il repose, depuis
1861, sur des bases plus fixes, garanties de solidité et de
durée. Les conditions matérielles dans lesquelles il avait
vécu jusqu'alors ne tardèrent pas à entrer en discordance
avec sa prospérité croissante. On dût aggrandir les cours,
construire de nouvelles classes, faire disparaître des
irrégularités choquantes, également contraires à la salubrité et à la discipline. On mit la circonstance à profit
pour ouvrir et restaurer, dans la rue de la Paix, l'ancienne porte d'honneur qui vit passer sous ses encor-
bellements le cortége nuptial du roi Réné et de l'héritière
de Laval. L'ensemble de ces travaux a coûté près de
50,000 francs. Le conseil y a fait face au moyen des
prix de vente de l'étang du Landre et du rachat du
droit d'esplêche sur le domaine du Mas-d'Icard.

Les frères de la doctrine chrétienne étaient, il y a
douze ans, au nombre de 14 ; on en compte aujourd'hui
19. L'école de la Providence possède une classe de plus ;
un cours gratuit reçoit pendant les soirées d'hiver un nombre considérable d'adultes. L'acquisition de la maison
Moreau a permis à la commune de s'exonérer du loyer
d'une maison d'école pour les jeunes filles de la Roquette

et de donner à ce quartier l'inestimable bienfait d'une salle
d'asile, aujourd'hui peuplée d'une centaine d'enfants.

La grosse cloche de Saint-Trophime a été refondue,
avec addition de matière fusible et par conséquent dans
de plus fortes proportions. Un nouveau système de suspension, le remplacement des bois et des fers avariés, la
mise en place, tout cela a entraîné une assez forte dépense
comprise dans l'un des emprunts. Les presbytères de
Saint-Trophime, de la Major, de Saint-Julien, la sacristie
de Saint-Césaire ont reçu des améliorations notables.
Deux croix, objets d'une pieuse vénération de la part des
habitants de leurs quartiers respectifs, le Saint-Esprit et
Charles-Chinet, n'offraient plus que des surfaces frustes,
des formes mutilées par le temps. Croix, piédestaux,
colonnes, tout a été remplacé et ni l'art, ni le sentiment
religieux n'ont rien perdu à cette rénovation.

En acceptant les charges, comme les bénéfices du
legs de M. l'abbé Montagard, la ville a consolidé l'existence de diverses œuvres de bienfaisance, précieuses
pour la classe pauvre : la crèche, l'orphelinat, l'ouvroir,
le dispensaire, les sœurs garde-malades. Une subvention
dont le retrait deviendrait peut-être une cause de ruine,
encourage et soutient cette dernière institution.

La bibliothèque publique a ajouté à sa collection
environ 1,800 volumes, obtenus en partie, par l'influence du député ; nous pourrions même citer des dons
personnels du Maire. Le musée Sainte-Anne n'offre d'intérêt que par les débris de la civilisation romaine exhu-
més de notre vieux sol. C'est même cette absence de
richesses d'emprunt qui lui donne un caractère à part
dans les collections de ce genre. Il a donc continué
à puiser à ses sources habituelles, mais une part importante lui a été faite, en outre, dans la distribution des

objets d'art du musée Campana. Une collection de co-
quillages a pris rang dans le cabinet d'histoire naturelle ;
c'est un don gracieux de M. de Courtois, le père :
inutile de dire à quelle influence il est dû. Un
portrait de l'Empereur Napoléon III, d'après Winter-
Halter, est prochainement attendu ; il ira occuper un des
cadres de la grande salle de l'Hôtel-de-ville.

L'orphéon s'était fondé spontanément, mais ses débuts
se montraient hésitants et difficiles. Afin d'assurer son
existence, le conseil municipal l'a doté d'une subvention
annuelle, l'a installé dans un local appartenant à la
commune, lui a fait don d'une bannière.

La ville ne possédait pas de corps de musique. Quelques groupes d'exécutants se constituaient parfois, sans
direction reconnue, sans organisation permanente et
conséquemment sans principes de force et de durée.
L'administration a voulu posséder une musique municipale : cette musique existe. Musiciens et orphéonistes,
est-il besoin de dire quel éclat cette jeunesse brillante
prête à nos fêtes publiques et combien la population
toute entière applaudit à ses efforts et à ses progrès ?

Depuis six ans seulement la ville possède une compagnie de sapeurs-pompiers. Il serait superflu de faire
ressortir l'utilité de cette institution. Autre chose est le
dévouement de quelques hommes pris isolément, courant
au feu sans ordre, sans discipline, mus seulement par la
générosité de leurs instincts ; autre chose est l'élan vers
le bien d'une compagnie ayant son organisation, ses
chefs, ses insignes, le sentiment d'un devoir commun, et
cet esprit de corps qui donne une valeur multiple à la
valeur individuelle. Les compagnies de sapeurs-pompiers
peuvent faire aussi bien ailleurs que celle d'Arles, mais
à coup sûr elles ne font pas mieux.

Les ménagers demandaient la création d'un marché aux bestiaux. Ils regardaient, non sans raison peut-être, cette institution, comme d'une importance capitale pour l'agriculture du pays. Le marché a été établi ; on l'a installé dans un local magnifique ; on a appelé les producteurs, au moyen de primes formant la somme annuelle de 6,000 francs. Les ménagers demandaient deux foires de plus, pour l'écoulement de leurs produits : ils ont obtenu deux foires de plus. Au milieu d'une population vouée particulièrement à la culture du sol, les ménagers ont voulu organiser une fête agricole, témoignage de ces sentiments confraternels qui rapprochent les esprits et dirigent leurs tendances vers l'intérêt collectif. L'administration s'est associée avec empressement à cette idée et tandis que les autres corps de métiers n'obtenaient de l'autorité, le jour de leur fête patronale, que la permission de se promener, à leurs frais, derrière un galoubet et d'illuminer le soir, avec des falots, leurs figures satisfaites, le Maire inscrivait la fête agricole dans les colonnes du budget. Quel est donc le vœu exprimé par les ménagers qui n'ait point reçu accueil et satisfaction ? Et, tout autre mérite à part, quel maire d'Arles, mieux que M. de Chartrouse, sera jamais en position de connaître les intérêts des ménagers et de les servir ? Grand propriétaire, livré directement lui même à la culture du sol, gêne, besoins, souffrances, espérances ou craintes, tout n'est-il pas commun entre les ménagers et lui ? Les pluies qui détruisent les blés, le marché qui les repousse, la législation qui les avilit, ont-ils été faits exprès pour eux et n'a-t-il pas à en prendre souci pour lui-même ? Que demande-t-on alors ? que le Maire d'Arles, change l'ordre des saisons et réforme les lois du pays ? — Et oui, sans doute : il n'y a que la volonté qui lui manque.

Trinquetaille, les Campagnes, Travaux projetés.

Au milieu de ces soins si multiples, donnés aux intérêts du pays, Trinquetaille et les campagnes se plain-
draient sans raison d'avoir été délaissés. Trinquetaille possède depuis six ans une école de garçons et
une école de filles. Lorsque le pont de bateaux est
enlevé, lorsque, à travers les glaces flottantes, insti-
tuteurs et institutrices traversent le Rhône dans des
batelets , pour aller donner leurs leçons à deux cents
enfants que des circonstances analogues jetaient autrefois,
pendant des semaines entières, sur le pavé des rues, c'est
alors surtout que les familles apprécient le bienfait de
cette double institution. On a donné à Trinquetaille une
horloge dont l'installation a exigé le rehaussement du
clocher; on a augmenté d'un tiers le nombre de ses réverbères ; on a établi deux pompes-fontaines. Un devis était
tout prêt pour le pavage du quai, entre la rue de Nimes
et l'extrémité du faubourg ; l'exécution des travaux de
défense a forcé d'ajourner la réalisation de ce projet. Au
mois de juin dernier, le conseil municipal votait une
somme de 4,500 francs, pour concourir, dans la proportion d'un tiers, aux travaux qui doivent assurer
l'écoulement des eaux sur toute la longueur des quais.
Nous cherchons vainement dans nos souvenirs quelle
autre administration a été assez heureuse pour donner
à cette intéressante portion de la famille arlésienne des
témoignages plus nombreux et plus signalés de sa solli-
citude.

Une église paroissiale s'est construite par souscription
au hameau de Raphèle. Le contingent de la commune a
été de 6,000 fr. d'abord, applicables à l'érection de
l'édifice, de 4,000 francs ensuite, pour travaux complé-

mentaires ou de consolidation. Le logement du desser-
vant se paye sur les fonds du budget. Un cimetière a été
construit : il coûte 3,500 francs. Raphèle possède depuis
peu d'années une école de filles, tenue par des dames
religieuses : cette école est subventionnée. Par suite
d'arrangements convenus avec M. le curé de la paroisse,
le hameau de Moulès se trouve doté d'un presbytère,
devenu la propriété de la commune et le plus beau
peut-être de tous les presbytères de campagne compris
dans le ressort du diocèse. Moulès possède une école de
garçons dirigée par une congrégation religieuse, une
école de filles tenue par une institutrice laïque : toutes
deux reçoivent une subvention communale. Il existe
au Mas-Thibert une école de jeunes filles confiée aux
soins des religieuses de Saint-Joseph : la ville en fait
entièrement les frais. Albaron, le Sambuc, Villeneuve,
possèdent également des écoles subventionnées. Nous
parlons seulement ici, bien entendu, des améliorations
dont M. de Chartrouse a pris l'initiative, non de celles
qu'il n'a fait que continuer. A chacun le mérite et les
conséquences de ses œuvres.

L'administration de M. de Chartrouse n'a pas mené à
fin la série complette des projets qu'elle avait élaborés
pendant le cours de son existence. Le temps lui a man-
qué pour cela, le temps qui, un jour ou l'autre, finit par
manquer à tout homme. Tel est d'ailleurs le sort de tous
les pouvoirs de l'ordre successif. Ce que l'un a semé, la
main d'un autre le recueille. Avec son rare esprit d'initiative, M. Remacle avait amassé un héritage de projets
et de travaux habilement conçus, hardiment engagés.
Une succession administrative ne se recueille point sous
bénéfice d'inventaire ; tout est à prendre ou à laisser.
M. de Chartrouse a tout accepté, tout terminé, tout

payé. Il laisse à son tour des germes entièrement
fécondés que le temps, une culture intelligente, la force
même des choses doivent faire éclore et développer. Ainsi
le mieux s'ajoute au bien, ainsi les dévouements s'en-
chaînent et les ouvriers de la onzième heure concourent
avec les travailleurs de la première aube, à fertiliser
l'héritage commun.

Le prolongement de la rue Sainte-Croix, avec débouché
sur la Lice et, comme conséquence, la rectification et
l'assainissement de l'égoût Sarneguette, sont entrés
en cours d'exécution. Des maisons ont été achetées et
démolies ; les voies et moyens figurent au dernier emprunt ; il ne s'agit plus que de vaincre des résistances
invétérées : c'est pure affaire de négociations.

Nous pourrions faire ici l'historique du projet d'amélioration de la place Lamartine. On y verrait plus d'un sujet
de surprise, le peu de fondement de certains griefs et le
danger moral de condamner sans entendre. Mais ne
demandons à personne ni retours d'opinion, ni regrets ;
suivons, sans récrimination aucune, ce simple et calme
exposé. Le dernier conseil municipal avait arrêté à la
somme de 50,000 francs le devis des travaux à effectuer
par annuités sur la place Lamartine. C'était au moment
où la compagnie du chemin de fer venait enfin de faire
connaître le nœud de raccordement de l'embranchement
de Lunel à Arles avec la ligne principale d'Arles à Mar-
seille. Mais alors le budget de 1865 était en cours d'exercice ; on ne pouvait plus lui demander que quelques
prélèvements, opérés çà et là, et applicables à la première
série des travaux : ceci explique le peu d'importance de
l'annuité courante ; les annuités ultérieures eussent été
portées à plus du double. Les travaux, du reste, seraient

déjà commencés, mais, toute adjudication devant être faite
en présence du Maire, assisté de deux conseillers municipaux, la dissolution du conseil a rendu impossible cette
formalité préalable.

L'assainissement de l'égoût de la rue Chiavary est une
question suffisamment étudiée, déjà arrêtée en principe,
mais une question à double face, liée au plan complé-
mentaire du service général des eaux et qui ne pourra
recevoir de solution avant le mois d'octobre.

De toutes les améliorations, la plus vivement désirée
de la population arlésienne, c'est l'établissement d'un
pont fixe. Rien n'a été négligé, pour atteindre ce but si
longtemps poursuivi. Mais on ne sait point assez combien
laborieuse est la réalisation d'une œuvre importante,
lorsque, indépendamment des difficultés de l'exécution
matérielle et de la création des voies et moyens, il faut
encore parcourir la chaîne sans fin des assemblées municipales, de la sous-préfecture, de la préfecture et de ses
bureaux, du Conseil général, des Ministères de l'Inté-
rieur et des travaux publics, de l'administration des
ponts et chaussées à tous les degrés de la hiérarchie,
du Conseil d'Etat, du Corps Législatif, du cabinet du
Prince. C'est l'échelle mystique incessamment remon-
tée, incessamment redescendue. Tant d'évolutions exigent
des années et usent des générations d'administrateurs.
Mais il est des personnes qui n'ont point oublié Minerve
s'élançant tout armée du cerveau de Jupiter ; elles vou-
draient voir de grands projets, tout exécutés, jaillir de la
volonté d'un seul homme. Les choses par malheur ne se
passent pas ainsi. Toutefois, nous pouvons en donner
l'assurance, le projet, définitivement arrêté par les ingé-
nieurs du service du Rhône, est en ce moment entre les
mains de l'inspecteur divisionnaire, chargé d'en faire rap-

port au conseil général des ponts et chaussées. Ce dernier degré une fois franchi, les voies et moyens étant pleinement assurés, un décret impérial d'utilité publique autorisera l'expropriation et les travaux pourront immédiatement commencer.

M. le Sénateur De Maupas, avec cet amour des grandes choses qui donne la mesure de l'élévation des idées, a mis au service de cette importante affaire l'autorité de son intelligence et l'influence de sa position. Ainsi élaboré, ainsi conduit, ainsi patroné, il faut bien, tôt ou tard, qu'un projet aboutisse. L'autorité municipale, nouvellement en possession de la confiance publique, n'aura donc autre chose à faire qu'à poser la première pierre du pont. Mais sa loyauté n'oubliera pas, nous en sommes sûr, que l'honneur de se parer de cette couronne civique avait été mis à la portée de sa main, que les fonds étaient faits, que M. de Chartrouse, en obtenant des bontés de l'Empereur, un supplément de 250,000 fr. au contingent fourni par l'État, avait délié le nœud de la situation ; que les matériaux étaient, pour ainsi dire, à pied d'œuvre et que les administrations de tout ordre n'avaient plus qu'à s'effacer pour céder la place aux maçons. Et quant au nouveau conseil municipal, ce n'est pas lui non plus qui voudrait se couvrir des plumes tombées à terre ; il a trop bien, pour cela, le respect de lui-même et des autres. Dans trois ans, dans quatre ans au plus, la population des deux rives jouira d'un pont fixe, d'un pont obtenu sans bourse délier et avec affranchissement d'un péage annuel de 30,000 fr. qui pesait sur l'agriculture de Camargue. Si elle consent à voir là un double bienfait, sans doute elle en rattachera

le souvenir aux efforts combinés de M. de Chartrouse
et du Conseil Municipal sortant d'exercice.

Un autre legs transmis par M. de Chartrouse à son
héritier administratif, c'est la gare maritime. La marine
d'Arles a cru voir dans ce projet le principe d'une vie
nouvelle : cela suffisait pour que l'administration aidât
au succès de tout son pouvoir. La compagnie du chemin
de fer avait demandé d'abord au conseil municipal un
contingent de 70,000 fr. ; ce contingent a été promis.
Plus tard, la Compagnie, donnant plus d'extension à ses
projets, fixait à 110,000 fr. la part contributive de la
ville : la ville s'est engagée pour 110,000 ; le Conseil
général, dans sa dernière session, a voté 69 mille francs
pour le même objet : les choses en sont demeurées là.
La gare maritime se fera : nous n'y mettons aucun
doute. Mais quelles que soient et les conditions et l'heure
de son exécution, on se souviendra peut-être que l'homme adulte a commencé par être un enfant et que ceux-là
n'ont pas été sans influence sur son avenir qui lui don-
nèrent des soins dès le berceau et l'ont conduit à cet
âge où se fixe sa destinée.

Emprunts.

Comme corrélation nécessaire des travaux qui l'ont
remplie, la dernière période décennale présente une
augmentation dans les dépenses. Les budgets ordinaires
ne répondent qu'aux services courants ; l'attelage suffit
à la marche habituelle du char ; mais, sitôt qu'on veut
doubler l'étape, il faut appeler du renfort. On a donc
demandé des ressources aux emprunts. Ces emprunts
sont au nombre de six :

1° Emprunt de 260,000 fr. applicable à la construction de la caserne. Contracté sous M. Remacle, pour
une durée de 15 ans, il s'éteindra en 1868 ;

2° Emprunt de 110,000 fr., remontant également à l'administration précédente et devant s'éteindre dans quatre ans. Il avait pour objet l'acquisition de l'établissement hydraulique.

5° d° de 296,000 fr. Il comprend des objets divers. De douze annuités, il est maintenant réduit à six.

4° d° de 220,000 fr. pour l'amélioration générale du service des eaux. Durée 55 ans; trois annuités sont amorties.

5° de 278,667 fr. Celui-là, on le sait, a pesé sur nos volontés plus encore que sur nos finances. Il s'applique à l'endiguement du Rhône et a été grossi d'une annexe de 18,000 fr. Sa durée est de 50 ans; deux annuités seulement sont amorties.

6° Emprunt non encore réalisé de 100,000 fr., répondant à des besoins divers. 10 ans de durée.

La somme totale de ces emprunts, y compris le dernier, s'élève, en capital, à 1,208,667 fr., déjà réduits de plus d'un tiers par l'effet de l'amortissement.

Il existe pour les communes deux moyens d'éteindre leurs dettes : 1° l'emploi des ressources ordinaires, c'est-à-dire, de l'excédant annuel des recettes sur les dépenses, 2° les centimes additionnels extraordinaires. Chez nous ces deux moyens fonctionnent à la fois. Quatre de nos emprunts s'amortissent à l'aide des revenus ordinaires, sans imposer des charges exceptionnelles, les deux autres, le premier et le cinquième, sous l'action des centimes additionnels.

Indiquons en passant un fait trop peu remarqué. A Arles les contributions directes, celles qui servent d'assiette aux centimes additionnels, produisent un total de 221 mille francs. Sur cette somme, la contribution foncière figure pour 144 mille francs : les trois autres contri-

butions : personnelle et mobilière , portes et fenêtres ,
patentes , forment le reste. Or , comme le territoire est
possédé en grande partie par des propriétaires forains ,
il résulte de cette répartition que ces mêmes propriétaires payent en grande partie les centimes additionnels
afférents à la contribution foncière. C'est-à-dire qu'ils
concourent à supporter des charges dont les résidants
recueillent seuls les bénéfices; c'est-à-dire encore qu'une
amélioration qui vaut pour nous 200 mille francs , ne
nous en coûte réellement que 150 mille. Crions donc contre les centimes additionnels : c'est notre droit ; mais ne
crions que dans la proportion de ce qui nous blesse.
Laissons aux propriétaires étrangers le soin du reste :
ils savent très-bien comment on s'y prend.

La loi autorise les communes à s'imposer extraordi-
nairement jusqu'à concurrence de 20 centimes additionnels : c'est un *maximum* qu'elles ne peuvent pas dé-
passer. La ville d'Arles n'est imposée que de 16 centimes
dont dix cesseront d'être exigés dans trois ans.

Ainsi donc ,

Six emprunts ayant formé originairement un capital
de 1,238,667 fr., avec annuités de paiement , échelon-
nées de telle sorte qu'entre la première et la dernière
il existe un intervalle de 45 ans ;

16 centimes additionnels , pour faire face à une
portion de cette dette;

L'excédant annuel des recettes sur les dépenses, pour
couvrir le reste ;

Tel est le bilan de notre situation financière.

Interrogeons tous les budgets des villes de France ,
tous ceux qui égalent ou surpassent l'importance du
nôtre ; croit-on qu'il en est beaucoup dont la situation
se balance dans des conditions meilleures ? La situation

financière de la ville d'Arles repose en partie sur le crédit ; mais si le crédit, au dire des économistes , est le nerf de l'État et la vie du commerce, nous ne voyons pas bien comment il serait la ruine des communes. La ville a des dettes , c'est vrai ; nos emprunts se montent encore, en capital, à une somme de 800,000 francs, passible d'intérêts, c'est également vrai : mais tous les moyens d'amortissement sont assurés. A côté de chacun de ces emprunts, fonctionne un instrument énergique qui l'entame incessamment, qui le démolit pièce à pièce et finira par l'anéantir. Une commune est obérée lorsque, ayant des dettes, elle est réduite à n'en servir que les intérêts et qu'elle ne trouve , ni dans ses ressources ordinaires, ni dans les centimes additionnels, le moyen d'éteindre le capital. La ville d'Arles n'en est pas là, Dieu merci ! cessons donc de pousser, à tout propos , des cris de pitié sur sa misère.

Conclusion.

Qu'on veuille bien se rappeler tout ce qu'il y avait à faire dans Arles, il y a dix ans ; qu'on se rende compte de tout ce qui s'est fait. Quel était , il y a dix ans , le devoir des magistrats municipaux ? ils acceptaient le timon : était-ce pour mettre le navire en panne ? Interroger l'horizon , s'abandonner à l'impulsion reçue, prendre tout le vent dans la voile ; c'est ce qu'ils ont cru devoir faire. Ont-ils bien compris leur mandat ? l'ont-ils rempli dans la mesure des forces du présent et sans dessécher les sources où devra puiser l'avenir ?

A Arles , comme ailleurs, il se trouve des hommes voués à l'étude des affaires publiques, attentifs à observer ce qui se passe autour d'eux. Ces hommes savent voir et comparer. Ils connaissent la pondération des budgets, le mécanisme des emprunts, la puissance du crédit, ce que vaut aux particuliers, comme aux villes, le travail des capitaux, ce que fait perdre l'immobilisation des forces productives. Ils savent que partout ailleurs on agit, on marche, on progresse ; que la manifestation de la vie, c'est le mouvement, que le siècle a pris pour devise : En avant! *Go forward!* que le paquebot à vapeur a coulé bas le coche indolent de nos pères ; que, pour être estimé à quelque valeur, il faut faire aujourd'hui bonne figure dans le monde, et qu'une ville qui ne fait rien n'est comptée pour rien. C'est à ces esprits sérieux et observateurs que s'adressent nos questions ; c'est de leur expérience et de leurs lumières, c'est aussi du bon sens public que nous attendons les réponses.

A force de retranchements et de rognures, en économisant beaucoup de bouts de chandelles, en amaigrissant jusqu'à exténuation les traitements des employés, en grattant un peu sur le pavage, un peu sur les beaux-arts, un peu sur tous, un peu sur toutes choses, on serait parvenu sans doute à réaliser une réduction de quelques milliers de francs sur les dépenses. On pouvait aussi s'interdire les emprunts et, avec eux, ces centimes additionnels, objet de tant de contes fantastiques ; on pouvait se composer un petit budget besogneux, court-vêtu, bien mince et bien râpé.

Alors il serait advenu que le pauvre, au bout de l'année, aurait eu dix sous de plus dans sa poche et le riche cinq francs de plus. Mais il advenait aussi que les employés étaient mécontents et découragés, que les services publics devenaient débiles et souffreteux, que les forces vives de la commune tombaient en langueur, comme ces corps réduits à la stricte satisfaction des besoins les plus impérieux et qui s'amaigrissent et s'étiolent. Le pauvre cependant , avec ses dix sous de plus , n'eût pas été moins pauvre , et cinq francs d'épargne n'ajoutaient rien à la fortune du riche. En totalisant , au contraire, toutes ces menues sommes, la ville se donnait des améliorations notables et imprimait en tout sens les impulsions les plus fécondes.

Le capital appelle le capital , il le remue , il l'éveille , il le sollicite au travail et à la production. Ceci , dans la science économique , c'est l'alphabet rudimentaire , c'est la Sainte-Croix de par Dieu. Mais ce qui est vrai du capital privé , l'est bien plus encore du capital public. Redressez le plan d'inclinaison d'une rue et tout aussitôt un propriétaire ouvrira une remise pour son cheval et pour sa voiture. Dépensez six cents francs pour une fête publique et ce jour-là les recettes réunies des marchands et débitants de toute nature s'élèveront à mille écus. Ouvrez une rue nouvelle , celle du Waux-Hall, par exemple , qui vous coûtera cinquante mille francs, et il se trouvera dix propriétaires, luttant de patriotisme et de hardiesse intelligente, qui dépenseront cent mille écus à construire ou à restaurer des maisons. Ce que vous appellez, dans le budget de la ville d'Arles , une exagération de dépenses, c'est tout simplement le superflu annuel, mesuré aux proportions de la fortune communale ,

le superflu , chose si nécessaire ,

chose indispensable et dont personne , le prolétaire pas plus que le riche, ne se passe en réalité. Le prolétaire boit de la bière , il fume son tabac, il achète une ombrelle à sa fille, du sucre candi à ses petits enfants, il fréquente les courses de bœufs et recherche les spectacles de la foire. Tout cela, c'est du superflu, mais tout cela fait la douceur et le complément de son existence. Otez à l'homme le superflu et vous dégradez sa condition. Retranchez le superflu du budget d'une ville et l'arbre mutilé à outrance, appauvri dans sa sève, outragé dans sa beauté, ne vous donnera plus ni fleurs ni fruits.

L'administration de M. le baron de Chartrouse se retire des affaires municipales, sans plaisir comme sans regret, dans la calme situation d'esprit d'un débiteur qui vient d'acquitter une dette. Heureuse si on lui tient compte de ses efforts, elle ne sera ni contristée ni surprise, si toute trace s'en est perdue dans la mémoire publique; l'honneur de servir son pays porte en soi une récompense qui suffit au mérite de l'œuvre. Quels que soient les hommes appelés à relever le fardeau qu'elle dépose, on la verra toujours applaudir à leur courage, les seconder de tous ses vœux, se féliciter de leurs succès et trouver une excuse à leurs revers, s'ils en éprouvent, dans les difficultés inséparables de leur position.

L'exposé qu'on vient de lire, écrit au mois d'août dernier, était prêt à paraître dans les premiers jours de septembre; le fléau épidémique qui vient d'affliger la ville d'Arles en a retardé la publication.

Arles, Typ. DUMAS et DAYRE.